AF210579

Fäden zur Welt

Lyrik zur Existenz

Carsten Rathgeber

Dorante Edition

Fäden zur Welt

Lyrik zur Existenz

Carsten Rathgeber

Bibliografische Information durch die Deutsche Nationalbibliothek: Die Deutsche Nationalbibliothek verzeichnet diese Publikation in der Deutschen Nationalbibliografie; detaillierte bibliografische Daten sind im Internet über http://dnb.d-nb.de abrufbar.

Herausgegeben durch das Literaturpodium, Dorante Edition Berlin 2024, www.literaturpodium.de
ISBN: 9783759719768

Motiv auf der Vorderseite: Carsten Rathgeber

Herstellung und Verlag: BoD – Books on Demand, Norderstedt

A: Welt, Sprache, Natur, Macht, Gerechtigkeit …

Zwischen-Wort

Ein Laut wächst zum Wort
Inmitten all der Schatten.

Im Rauschen der Welt
Steht das Wort klar und gewiss.

Welt ist bloß ein Wort
Blind im Netz der Wörter.

Das Wort führt die Welt.
Die Welt verführt die Wörter.

Das Wort fühlt dein Ich.
Dein Leib verhüllt und tröstet.

Tränen schützen dich
Nähren deine Seele.

Getrennt

Vielleicht
Hört
Feines
Fernes
Tastet
Nebel

Trennt

Welten

Entblößt
Glaubenstüren

Gewissheiten
Stürzen

Vielleicht

Glaube

Ungläubiger Blick
Fassungslosigkeit
Gestürzt ins Fremde

Gelehnt an die Tür
Hält doch der Rahmen

Findung

Glückseligkeit umhüllt dich
In den Gärten der Heimat
Die dich später beengen

Im Aufbruch vibrieren deine Segel
Der Wind erfüllt sie und sie erzittern

Enthülle deine Sterne
In den Nächten
Deiner Fahrt

›Ewiges‹

Salzig weich
Atome bindend
Durchdringend wie Licht
Regentropfen aus der Ferne
Erzählen von Wolken und Erde
Von Schönheit und endlicher Sicht

Fallen auf die Haut

Nässe entbindet
Bindet Leben

Bilder-Wörter

Augen wie Zweige verdeckt
Menschliches in Bäumen
Körper wie in Träumen
Von Chagall filigran versteckt

Helle Leiber verwoben
Gäste der Erde
Wissendes Erbe
Alte Zeiten verborgen

Inmitten der Blätter
Leuchten am Rande
Fernes zeigen Hände
Schattenspiel der Lichter

Sehende Blicke wissen
Früchte der Gaben
Sinnlichkeit erleben
Vieldeutige Wesen

Herbststrahlung

Blutbedeckte Blätter
Flammen steigen empor
Rötliche Gebinde
Feuer für das Unvollendete
Lebenssucht brennt und ruft

Trotzig ein Dennoch
Protest gegen die Leere der Welt
Hoffnung bahnt sich Wege
Gegen Kugeln, gegen Kälte
Ein Sehnen nach Gerechtigkeit

Lügentrolle poltern auf den Straßen
Sonnenglanz der Meinungen
Stolze Ichsucht überall
Kobolde und Gespenster
Wissen von der Ignoranz

Noch scheint die Sonne in die Winkel der Stadt
Doch Nässe liegt auf den Steinen
Hunde bellen, Hühner gackern
Katzen umschleichen Tonnen
Ein Hahn kräht, letzte Proklamationen

Noch denk ich an den Sommer
Mit Wehmut an Staub und Hitze
Äpfel ruhen an Ästen
Der weiche Novembernebel
Umhüllt und möchte versöhnen

Novembergebet

Nebliges Morgenrauen
Raureif liegt auf den Äckern
Umhüllt runde Kohlköpfe
Schädel ohne Regungen
Überall tote Spatzen
Hilflos erstarrtes Leben
Eine Sicht zur Ewigkeit

Kalk umweht meine Sätze
Verfugt alle Gedanken
Verschließt die grüne Zunge
Ahnung vom Basalt der Zeit
Von Gräben mit ihrem Leid
Lakonisch verfärbtes Sein

Jeder Schritt öffnet Gänge
Immerzu alte Sätze
Dazu die Spiegelbilder
Sichten in fremde Fenster
Bunte Gläser und Splitter

Verwirrte Verstellungen
Im Grauen schimmern Farben
In den Rändern, in Schatten
Schweigsam Gehen und Beten

Hinter den alten Bildern
Masken und ihre Muster
Der Vielfalt ihrer Qualen

Verbirgt sich das Fatale
Lebt für sich das Basale

Jahrmarkt Welt

Spektakel
Auf nach Jerusalem
Mit einem Esel ohne Wagen
Silber in den Schänken
Münzen für dies, für das
Kleine Lügen, Saufen und Strafen

Ich sage euch
Seid bereit
Beschenkt den Tag
So nah uns alle Körper
Überall Kinder
Zeigt sie mir

Gewürze verändern
Empfindungen und Sichten
Flüssigkeiten betäuben
Blut in Küchen – Hühner flattern

Auge um Auge – kriminelle Mächte
Ein Kuss und ein Tod nur für Groschen
Das Tosen der Massen
Eitles, Geld und Buße

Jeder wäscht seine Hände
Trägt sein Kreuz zur späten Stunde
Stolz für sich, schillernde Lichter
Sogar in Vorhängen Gesichter

Sätze zaubern
Ewiges spricht
Hinter bunten Masken
Blicke heilen

Nebenbei der Geist der Weisen

Flackernde Lichter

Am Grab der Kinder
Pflückten wir rote und schwarze Beeren
Sprachen über Ismen und Wunder

Nun rollen wieder die Panzer
Empören sich die Herrscher, Denker
Die Welt erklären die Wörter

Im Sommer war die Welt weit und weiß
Es kamen weder Bienen noch Igel
In den Straßen pochte das Blut laut und heiß

Doch zwischen Tag und Nacht
Überwuchert Löwenzahn die Gräber
Flackern rötlich ferne Sterne

Müde Welt, so spät

Die Welt ist erschöpft und müde
Wir spielen in ihr wie Kinder
In Hinterhöfen um Länder
Die Haut ist nur eine Wunde

Wir streben auf unsre Boote
Und erhellen unsre Sichten
Mit flinken Bildergeschichten
Keiner versteht die Gebote

Viele Menschen suchen die Flucht
Reden immer bloß von Schulden
Und träumen von Erlösungen
Doch unsre Natur neigt zur Sucht

Wir kämpfen um rote Eimer
Sind geteilt in Fraktionen
Und neigen zu Visionen
Doch keiner hat eine Heimat

Wir ringen mit dem letzten Wort
Alle Nerven sind entzündet
Und unsre Herzen verwundet
Der Weltschmerz wird zu unsrem Hort

Respektlos wird das Leben rau
Nachts glühen rot-grüne Lampen
Wir leben scheinbar auf Rampen
Ach, viele Menschen sind so laut

östliche lage

sommerlicht verläuft weich wie milch
verschüttet im meer der wellen
wo spät rote strahlen lecken
von kriegen wissen und dem ich

nachmittags auf stadtparkwiesen
kämpfen möwen um die tüten
ziellose hitzelähmungen
lassen welt und mich zerfließen

mädchen tragen bunte strähnen
stahlkreuze leuchten an ohren
dazu blinken pinke zehen
poppige lieder ertönen

heiliger staub weht in kirchen
raben putzen die gefieder
kühl singt leere schrille lieder
gewaltige autos fahren

mich erinnert harziger duft
an eure rostigen welten
und die verlorenen seelen
dich sehe ich in kühler luft

Vogelspiel

zwei Störche stehen im hohen Nest
auf einem Schornstein fast starr und fest
ihr ernster Blick schaut stumm zur Runde
sie wirken wie Welt-Erden-Punkte

Vögel ziehen deutliche Bahnen
um deren Ziele wir nur ahnen
unbeirrt der Zeit in jedem Licht
ungeachtet einer klaren Sicht

im Wechsel der alten Figuren
führt sie geheimnisvoll ein Wissen
dessen Grund und Herkunft keiner kennt
dessen Wandel hier niemand benennt

nach einem Trubel im Holzgestell
zieht ein Schweigen ein – unheimlich hell
zuvor schlich die Katze knapp verstört
uns die Sorge vor dem Tod betört

Würmer brechen aus dunkler Erde
sie mehren sich hier ohne Herde
Vögel ernten sie für ihre Brut
Leben ahnt um Angst in dunkler Glut

Staubiger Weg

Im Sommergarten
Sah ich dich im hellen Kleid
Bei roten Früchten

Und folgte deinen Schritten
Im Staub der Straßen
Zum Brunnen
Wo Beeren liegen
Beiläufig auf einem Tisch

Ich sehe dich, sehe mich
Mein Herz schlägt so laut
Umarmt, herzt, reibt, küsst
Deine Hände, Mund und Haut
Sehe das Frohe
Finde das Andre
Fühle mich so fremd und fern

Allein mit meiner Sehnsucht
Die die Welt erhellt
Uns erhöht
Die das Glück befreit
Bleibe ich für mich verstört

Wir werden sprechen
Im Garten bei Schlagsahne
Mit roten Beeren

Tavernennacht

Nachts erklingen in den Tavernen
Lieder der Nähe und der Liebe
Die um ihr Leben Betrogenen
Erzählen vom Schmerz ihrer Seele

Im Gewirr der Stimmen und Klagen
Den verlorenen Bekenntnissen
Seltsam nach Sinn suchende Augen
Trinken die sich gleichenden Menschen

Sorglos stumm geworfen ins Leben
Geschunden, seltsam verweht, verirrt
Das Denken kraftlos ohne Segen
Leib und Körper, die Seele verzehrt

Trüb schimmert verborgen groß das Nicht
Umweht beständig unser Leben
Unabwendbar wie Schatten das Licht
Fliehend vor klaren Glockentönen

Beiläufig kommt der Tod wie ein Dieb
Unverständlich seine Rechnungen
Grundlos öffnet sich allen das Sieb
Die Mäntel verbleiben in Schränken

Regellos

Wir sind frei und ruhelos
Und treiben über Schwellen –
Wie Strandholz, heimatlos.

Wir hoffen auf stumme Gnade
Wie das Vakuum auf Licht.
Der Satz sucht sich die Gründe.

Mein Traum hört deine Schritte.
Seelenrufe lautlos im festen Takt:
Unfassbar leer bleibt mir deine Bitte.

Wir sind glaubensleer geeint
Wie Staub und Licht in Flocken.
Das Wahre ist vage gemeint.

Wir sind wie runde Steine,
Erfahren viele Zeiten.
Wir enthäuten uns.

Wege

Wir – die vom Schicksal Begnadigten
auf Bewährung von der Schöpfung
Freigelassenen –
ringen um Klimaziele
jenseits von Gut und Böse
im Hier – suchen wir das Einfache
das Wahre, das Kluge, das Klare –
finden
keine ewige Lust, keinen Halt, keine Gnade
nur Fragen

Alle – Wörter, Gedichte, Bilder
malen nur uns zum Trost –
Illusionen
der Bindungen, der Achtung, der Wahrheit
des Sinns
lassen uns stürzen in Schluchten
auf schmale Pfade und Lichtungen
verlaufen
spurenlos, ohne Adresse, ohne Antwort, ohne Ruf
nur so

Du
klingelst und bittest um Eier und Milch
erwähnst
die Schönheit der Kirschen und Quitten
durch die *Wolken* brechen
Strahlen
ein Glockenton durchhallt das Tal
verzwickt – erfindet sich den Weg

Morgenstunde

In den Morgenstunden
In denen sich der Morast der Träume
Mit meinen Gedanken verwebt
Und meine Ideen und Gefühle
Wie eine Endmoräne verklebt
Erinnere ich eine Stille
In der ich das Klare
Einfach fand

Tief verborgen im Salz der Schichten
Versteckt vom Mondwind hinter Dünen
Finde ich die Chiffren dieser Welt
Und quittiere dort mein Leben

Ich werde frei für eine Flamme
Die mich rau behandelt
Dich genüsslich leckt
Die Nacht verwandelt
Und höre diesen Atem
Der sich verströmt
Welt erschafft
Uns verführt

Im Brachland zur Schlei

(Erinnerung an 1920)

Ruhe auf der See
Urplötzlich flattert ein Schwan
Läuft, fliegt, steigt, enteilt

Stimmen auf den Märkten
Auf den Straßen, beim Bäcker
Ermahnungen beim Schuster
Schlagzeilen, Verlautbarungen
Reden für das Nationale
Lesen zwischen den Zeilen
Schweigen in Kirchenkreisen

Grenzfrieden und Konflikte
Identitäten im Brachgelände
Zwischen Sonderburg und Flensburg
Fahnen flattern um Aperade
Filigrane Argumente

Plakate
Beschmierte Wände
Verschwundene
In der Nachbarschaft
Verhöre

Überall laute Gesänge

Verständigungen im Keller
Seid wachsam
Versteht die Wörter
Lernt die Sprachen
Bedenkt die Lage
Achtet auf euch
Es drängt

Gepackte Bündel
Kleidung und Briefe
Geld und Dokumente

Karges Holz Welt

Wir sprechen übers Leben
Herkunft und Gründe
Vom Nehmen und dem Geben
Auch von der Sünde

Was hat uns geprägt
Was wäre alles möglich
Was hat uns bewegt
Fragen wir uns nun höflich

Wir suchen unsre Muster
Auch die Motive
Erkunden alle Raster
Bekennen Triebe

Zittrig mitten in der Brust
Mein Herz, die Seele
Voller Sehnsucht meine Lust
Wege ich wähle

Meine Wörter umkreisen
Das karge Holz Welt
Umhüllt von Klängen, leisen
Unlösbares Feld

kleingeschrieben

mit dem noch lebt dieses dennoch
gegen die grenzen der protest
gegen die abgeschlossenheit

im tod, beinah, ohne herzschlag
gleich den schildkröten im winter
energiesuche für das leben

geschichten berühren mit dem schicksal
mit anderen zeiten, orten, menschen
wie engelflügel nah dem himmel

die weltordnung so scheinbar
innen und außen verdreht
verwunderte blicke, herr möbius lacht

im zwischen der möglichkeiten
besinnung auf die leisen töne
die clowns tanzen mit masken

geschwind fliegen alle zeiten
voller gier nach leben, dem fremden
in der sonne auf dem hügel ist ruhe

Trostvoll

Nebenbei
Die vierte Kränkung
Sterne, Leben, Ich
Nun kompliziert, komplex
Die IT-Maschine
Geschliffene Texte
Beinah genial
Schreibt glasklare Sätze
Erfindet Beschreibungen
Dicht zur Welt
Dazu Sensorik, Muster, Logik
Reflexionen
Zugleich seltsam banal
Manchmal lügt die KI
Möchte uns trösten
Lässt uns spielen
Rechenzentren stiften Gewissheiten
Unsre neuen Kathedralen
Wir sind bloße Zuschauer
Zukünftige Haustiere

Herbstzüge

Die Züge warten
Mit schwarzen Wagen
Dunklen Vorhängen
Eiskalten Räumen

Zahlen an Zäunen
Mit Augen hinter Drähten
Dieses hungrige Sehnen
Erstarrte Blicke zählen
Schweigsam die Stunden

Geistlose Wüsten
Einfache Listen
Schale Gebete
Knochen, verstreute

Staubreste

Nachts kommen die Schwarzen aus Tartus
Sie schweigen, zittern, manche weinen
Wege führen zu Katakomben
Nach Homs, Aleppo und Damaskus

Blut verklebt in Böden und Fugen
Schreie verzieren dort Tapeten
Silbriges Mondlicht küsst die Schergen

Tränenrost benetzt die Metalle
Seelenreste wehen mit Erde
Knechte säubern ihre Gestelle

Gerechte lecken an Wahrheiten
Schreiben Papiere in Oasen
Schnee bedeckt gebrochene Knochen

Das Halleluja ist verkommen
Könnten wir hundert Jahre schlafen
Hätten wir vielleicht noch Hoffnungen
Flechten weisen Wege durch Wüsten

Sonnenblumengräber

Filigrane Lebensentwürfe
Gemäß der Freiheit der Tänze
Beleben Märkte und Straßen
Zu musikalischen Klängen

Gleißendes Licht in Nächten
Vergebliche Gewissheiten
Der Knechte der Entseelten
Freiheitsloser Tyrannen

Spielball fremder Interessen
Strategischer Visionen
Die Maskierten bestimmen
Die Wahrheit, die Geschichten

Doch die Taktiker des Krieges
Verloren im Schlamm des Landes
Unzulängliche Maschinen
Metalle explodieren

Raketenwerfer in Scheunen
Trecker fahren über Wiesen
Züge transportieren Weizen
Die Vergessenen fliehen

Geronnenes Blut der Helden
Verstreute Asche auf Höfen
Nun erklingen die Seelen
Der Kinder und Verfolgten

Auf Gräbern wachsen Blumen

Schwarze Tage

Schwarze Asche dringt in weißen Schnee
Ein schwerer Takt flutet die Straßen
Bläulicher Nebel leckt an Steinen
Fiebriger Dunst spielt und flammt am See

Seid auf den Videos authentisch
So werdet ihr der Welt erkenntlich
Die Geräte machen täglich satt
Doch die Erde so ohne Heimat

Einige raunen von der Hölle
Spekulieren über das Böse
Andere nennen die Entfremdung
Das Geld und die Vergesellschaftung

Wir sind viele und alle wichtig
Sind ohne Wahrheit in den Kriegen
Bleiben verloren in den Siegen
Sind ohne Erbe – wie ersichtlich

Notiz

Nachts rollen schwarze Züge
Wieder fliegen Flugzeuge
Und erneut die Raketen
Alle klagen und reden

Jeder hat einen Verdacht
Es dreht sich um Geld und Macht
Es betrifft das Leben hier
Und wie immer unsre Gier

Gedichtlos unsre Briefe
Gesichtslos die Pamphlete
Geschmacklos führt uns die Zahl
Hätten wir doch eine Wahl

Unser Denken ist ratlos
Beinah leer und heimatlos
Gibt es noch echten Segen
Es gibt nur unser Leben

Doch unsre Farben vergehn
Wir wandeln fast wie im Wahn
Weltenlos ist die Masche
Überall fällt nun Asche

sprachlose stille

(nach dachau)

im lager auf türmen die wacht
in den fabriken der schlächter
warten getarnte transporter
in eisigen stürmen der nacht

wie überall im lande
die gasigen gerüche
schmerzen durchziehen hände
tränen benetzen wände

all die tierischen menschen
leblose zurichter
enthemmte vernichter
asche bedeckt die narben

mein körper geht allein
versteinerte augen
auch die sterne klagen
überall seufzt das sein

Verhängnisse

Am Vormittag im Lager
Inmitten von Stacheldraht
Besichtigung der Zellen
Erschöpft, stumm

Am Abend im Jazz-Keller
Töne von anderen Welten
Melodien der Freiheit
Euphorisch, sprudelnd

Nachts wach voller Bilder
Sehe Körper, Augen, Gesichter
Unschuldige Gesten
Höre ein Flehen

Verwirrung über Motive, Gründe
Täter-Opfer-Spuren
Verborgen, verschwiegen
Schwebende Grenze

Ruhelose Fragen

Von den Türmen
Sieht man Punkte

Einschusslöcher

Die Menschen
Bildeten Linien

Nur eine Chance

Flutlichtanlage
Minengürtel, Stacheldraht
Dreihundert Meter
Von Not und Qual zur Freiheit
Zwölf Minuten Dunkelzeit

Rostige Zeit

Schwarze Jahre beginnen
Rechner führen von innen

Eure Tänze beruhen
Auf den Illusionen
Der Denker und Propheten
Ihr Schauen ist ein Sehnen

Sie kennen die tiefe Glut
Hier hetzt uns das rote Blut

Jeder gibt uns einen Sohn
Alle Panzer fahren schon
Nie war dieser Tag heller
Dein Verhör ist im Keller

Näher war mir nie der Herr
Hier höre ich ein Gewehr

Zeitzeichen

Zeit tropft und verrinnt
Wartet vor dem Kreuz
Geschlagenes Holz
Ein Kriegsjahr beginnt

Takte begrenzen Maschinenträume
Innerlich harren und leben die Kriege
Zahlen tanzen, gespiegelte Räume

Die Geister sind Wanderer
Jeder sei ein Anderer
Und alle Götter schweigen
Das letzte Wort als Reigen

Das Schweigen der weißen Engel

Weiße Wasserschleier weben
Auf grünen Teichen sie wehen
Kühl sie lecken wie Amöben

Wo nur allein das Schweigen spricht
Erklingt das Gurren der Tauben
Trommeln die Tropfen an Scheiben
Blinkendes entführt jede Sicht
Und zum Meer die Bilder fliegen
Wüste und Bäume sie wiegen

Weißlich hell wird jedes Schweigen
Erhört tiefe fremde Stimmen
Die Klänge sich seltsam neigen

Tief zur Nacht ein Engel wartet
Schlafende vor Fremdheit bewahrt
Geduldig er wacht und tröstet

Im Traum der Engel uns verzeiht
Sein Atem uns das Wollen leiht
Sein Frohsein Leben tröstlich streift

Das Schöne ist fern der Jahre
Die Spuren finden sich vage
Wäre weiß doch eine Farbe

Hintertreppe

Ich steig über die Treppe zur hinteren Tür
Allein wie aus einer Steppe ohne Gebühr
Spüre die Dauer der Generationen
Trag den Alp der Schauer ewiger Geschichten

Blicke und Gespräche ranken sich wie Wellen
Gemäß dem Leib, den Landschaften und Gefühlen
Kreisen um Identitäten und Stimmungen
Tragen fragile Bilder und Empfindungen

Das eigene Selbst treibt beinah wie Holz im Meer
Bilder gleichen Berührungen, zärtlich und fair
Folgen den Wolken, den Winden und unsrem Blut
Oftmals schüchtern und verzagt, doch wohl auch mit Mut

Deine Wörter binden, klammern unsre Welten
Umkleiden mein Flattern, Zittern, dieses Suchen
Deine Fragen/Sätze lösen auf das ewig Vage
Münden in unsre seltsam schwebende Lage

Ich höre Klänge und dieses eine Singen
Ein Trommeln, ein Wollen, Leben zu beginnen
Zwischen Nebel und fahlen Lichtern die Tage
Plötzlich helles Licht, beginne es, oh wage

Altes Haus, alter Name

Zwischen Wand und Tapete
Harrt das Ungesagte
Lauern alte Fragen
Die doch durchs Leben tragen

Hier schweigen die Wahrheiten
Vom einsamen Gewissen
Von schnellen, kalten Schnitten
Hadert naives Wissen

Bilderlose Spiegel
Starren leer in Räume
Kindbefreites Siegel
Im Traum hallt mein Name

Mein Name erträgt mich
Bindet Körper und Ich
Bewegt mich wie Pulsare
Tönt wie eine Fanfare

Meereslicht

Unruhe an herbstlichen Stränden
Bei Stegen mit salzigen Winden
Mit Blicken der Sehnsucht zu Booten

Verborgen am letzten Tisch beim Tee
Allein mit grauen Wellen der See
Erinnern mich Bilder an Gassen
Mit bunten Mädchen und Matrosen
Höre ich alte Seemannslieder
Vom Kampf der Seele mit Dämonen
Sehe ich weiße Regenbögen
Vom Nebel verschluckte Lichter

Helle bläuliche Blitze leuchten
Muscheln ahnen um Entbindungen
Den Sinn der späten Häutungen

Seide

Inmitten all der Seide
Enthüllt sich ein Gedanke
Als Gruß der Himmelsgärtner.

Wörter umranken Fäden.
Verdeckt im Grund träume ich
Unbeschwert vom Sein, vom Licht.

Unerwartet sehe ich
Deine Gesten und Lippen,
Die roten, und höre dich
Tief in den Katakomben.

Damals, so erzählen sie,
Tanzten wir so geschmeidig.
Jeder spielte nur für sich.

Schmetterlinge umhüllen
Mondbrände und das Schwere.
Die Stimmungen verleiten.

Lichtstaub

mitten im Wald
schwarze Bäume
fast aufgereiht
stehen Schächte
aus goldenem Licht
es fällt Staub und steigt
schwebt engelsgleich
bindet die Erde
an den Himmel

die Schächte stehen
kommen und gehen
sie sind nicht benannt
auf keiner Karte

die Strahlen sind hier
schattenlos, ziffernlos
die Zeit ist abhanden
mein Auge schaut gebannt
und begreift die Welt,
sie schläft

es fallen Flocken
eine weiße Decke umhüllt
die Risse der Welt
tröstet und versöhnt

Roter Faden

Durch die Flügel
Der schweigsamen Windmühle
Fällt das Licht auf gelben Raps

Ein lauer Wind
Erzählt vom salzigen Meer
Von Menschen und Geschichten
Von Bindungen

Ich hör sein Lied
Auch im Kirchturmgewölbe
Wo ich deine Seele such
Wo ich dich so laut ruf
Und all die Rosen berühr'
Deine Übergangskleidung
Doch ich find keinen Faden

Ich werde still
Der Staub verfällt
Die Blätter erzählen

In der Gästekammer

Die Tür nah bei den Kannen
Der Gang zur engen Kammer
Verstaubte Fotobücher
Und vergilbte Tapeten

Der Lärm der Welten hier ruht
Auf dem morschen Kleiderstuhl
Die Fragen, die sich regen
Legen sich zu den Jahren
Mit all ihren Gerüchen
Unter schweigenden Wänden

Die Zeiten sind verzogen
Das Leben wird renoviert
Ich und Selbst werden poliert
Die Tür ist leicht verbogen

vatersuche

ich trage deinen namen
und such einen weg zu dir
entlang nebliger straßen
langsam sind die schritte hier

ich sehe unsre spiele
mit fliegern zur weiten welt
inmitten dieser stille
unerkanntes minenfeld

ich hör seltsames lachen
und sonderbare sachen
es kratzen unsre fragen
öffnen polierte fugen

ich suche ein verstehen
für die alten vergehen
greife trotz aller wände
im schweigen deine hände

Lebensmut

Die Vögel fallen von den Ästen
Die Nester sind leer und geplündert
Vor Tagen leuchteten die Gärten
Doch die Natur selbst hat sie zerstört

Die Bilder verlieren die Farben
Die Rahmen werden vom Staub verziert
Schatten umranden unsre Narben

Wir verehren Illusionen
Leben verzehrt sich auf den Grenzen

Ich überschreite Bordsteinkanten
Vögel zwitschern und jubilieren

auf Sicht

in Sichtweite zur Düne
liegen die alten Kähne
zwischen Sandstrand und Mole
strahlen taktvoll die Lichter
folgsam dem Chronometer

ich kenne die Wellen hier
die flinken und die müden
auch die Möwen voller Gier

mich beleben die Winde
sie reiben Haut und Farben
dringen tief in die Rinde

an dich hätte ich Fragen
zur Ehre der Gerechten
auch zum Tod ohne Segen

ich warte wohl hier beim Licht
leise fährt ein Kahn auf Sicht

bunte Gläser

im Traumnebel flimmern Sternenhände
umwehen gekalkte Kirchturmwände
mit grünlichen Schieferplatten bedeckt
an denen feurig deine Hoffnung leckt

in Gassen huscht Dunst in hellen Fetzen
Klänge umwehen Grenzen und Punkte
Phantasien verzaubern und entführen
Wörter dringen in die Lebenshäute
sie reiben an den Hüllen und kratzen

im roten Glanz sehe ich den Bruder
doch ich schlafe noch im ersten Wachen
wir plaudern leis' und laden die Fuder

erzählen über Heimat und Armee
betrachten Geräte und Reklame
Schatten träumen ein ICH und betören
versprochen sei dir ein Kindername
wunderbar belebt uns der helle Schnee

Priester ahnen um die Kraft der Küsse
Täuflinge waschen heilige Füße
bunte Gläser spiegeln unser Werden
lass uns vom Spiel der Gerechten reden

Aufbruch

Die Stille liegt auf dem See
Auch die schwarzen Bäume ruhen
Zeit und Welt sind vergessen
Die Luft schläft, doch ein Grau erwacht

Plötzlich ertönt ein Vogelschrei
Ein Lichtstrahl gleitet ins Tal
Rötliche Glut glimmt auf am Rand
Wird groß, größer und heller

Weiße Fetzen reißen, steigen
Der See beginnt zu brennen
Nebelwolken erheben sich
Die Sonne läuft hell ins Tal

Scheiben spiegeln weißes Licht
Die Ziffern stehen, schreiten
Enten quaken, ein Habicht schwebt
Maden fressen, der Tag beginnt

B: Kurzgedichte

Ernster Neuanfang
Versprechen im Januar
Illusionen

Lyrische Botschaft
Im Sprachnetz bleibt ein Etwas
Bericht aus dem Nichts

Zitternde Wirbel
Dennoch zeigte der Kompass
In eine Richtung

Mein Mund wird schweigen
Ich jedoch werde reden
Er möchte küssen

Selbstlos trage ich
Gelöst wie bunte Kleider
Meine Gestalten

Gerüchte wehen
Schamlos durch Lebensräume
Ohne Wirklichkeit

Der Abend leuchtet
Unser Lärm liegt vor der Tür
Nun ist wieder Platz

Schamlose Blicke
Verwundert aus dem Spiegel
In meine Seele

Es hatte getickt
Doch ein Zeiger stolperte
Über ein Vielleicht

Geleerte Ösen
Umhüllungen für das Nichts
Fäden verbinden

Vergeblich
Der Tod protestiert ergebnislos
Gegen die Liebe

Mein roter Faden
Beinah über Nacht zerfranst
Zerbröselte Welt

Echoloser Ruf
Blutlose Verbindungen
Lebensleerer Welt

Lebensbilanzen
Regenbogenfarbe kleckst
In Seelenpfützen

Stummes Radio
Die Todesstille pausiert
Im geräumten Bett

Fest zu Weihnachten
Ich habe immer Hoffnung
Keine Gewissheit

Scherze erhellen
Blitzartig Beziehungen
Durchfluten Seelen

Lachen versöhnt uns
Mit den Brüchen des Lebens
Durch die es regnet

Ich seh dich tanzen
Im Nebel um zwei Uhr früh
Wie eine Göttin

Dir reich' ich Blumen
Gelbe und violette
Nicht Neid oder Gier
Sie stehen für Eifersucht
Die mich immer verführte

Ich koche Kaffee
Schneide Brot und meine Hand
In mir wächst ein Nein
Gegen meine Routine
Im Geflecht der Gefühle

Oh! – Mein Schlüssellaut
Zum Verlassen der Sprache
In die freie Welt
Mit allen Empfindungen
Im Cabrio nach Paris

Nur eine Notiz
Gewissheiten zerbröseln
Unbegrenzt mein Fall
Immerzu neu Schritt für Schritt
Beginnt die Realität

Rosenmord

Nach einer Nähe
Unerwarteter Dissens
Disput – Wort auf Wort
Danach: Köpfen der Rosen
Schmetterlinge flüstern: Mord

Fremdes der Liebe

An den Rändern meiner Liebe
Quillt in Rissen das Sinnliche

Gefühle lecken Fremdes
Wie die Zungen Salziges

Sehnsucht

Als Menschentier
Gebunden an diese Erde
Auf der Suche nach Fäden
Die halten mögen
Sehe ich doch die Vögel
Mit Sehnsucht
Fliegen

Altpapier

Im Altpapier find ich ein Bild von dir.
Wer hat es verlegt, wer verloren?

Du bist schön und erhaben.
Und so frei und froh und stolz.
Dein Bild werde ich bewahren.

Notfall

In mir brennen
Unruhig
Kaum sichtbar
Sterne zu Asche

Gott rettet
Meine Wüsten

Hitze

Fiebrig glüht die Sommerhülle
Doch ich sehn mich nicht zur Kühle
Ich fürchte meine Phantasien
Eisige Schatten warten schon

Ewiger Strahl

Durch das Fenster fliegt ein Schmetterling
Mit ihm, er ist blau, ein Strahl
Ein rötliches Licht
In mir öffnen sich Räume
Überfluten die Grenzen
Ich schmecke die Ewigkeit

Bläuliche Flammen

Meine Träume erzählen von dir
Von Autos und Parkräumen
Von Flammen rötlicher Blumen

Sie sehen meine Liebe
Du jedoch erkennst mich nicht

Ich fahr nachts allein durch Straßen
Durch die bunten Lichter der Stadt
Meine Träume rebellieren

Schlehen

Wir sammelten im Herbst
Bläulich-schwarze Schlehen.
Gestern trank ich bei dir
Einen letzten Likör.
Es war so belebend.
(Sehen wir uns wieder?)

C: Ich, du, Seele, Nähe, Freiheit, Liebe …

Werde

An einem Faden
Aus Staub
Mit goldenen Spuren
Rötlich, bläulich, feiner
Klettere ich zu einem Stern
Achte die Schritte
Falle und fange mich

Beginne neu
Immerzu

Verlasse die gläserne Hülle
Überwinde das Meinen
Steige zum Wissen
Zur Gewissheit
Werde frei

Frage – jeder hat seine

Verwandle mich
Werde noch

Werde klarer
Deutlicher

Nein

Gehört auf dem Flur
Grenzziehung, Mauer
Unerreichbar, verboten

Ein schmuckloses Schreiben
Gelesen in einer Kammer

Glühendes Herz
Demütigung
Ohnmächtiger Schmerz

Zerstörte Sehnsucht
Vorbei

Bloß noch ich

vielleicht steinlos

Vielleicht entgeht dem Ja-Nein,
Dringt ein ins Gewebe der Scharniere
Von Wort und Bild, Phantasie und Welt.

Es zerbröselt die Bindungen
Gleitet leicht ins Poröse.
Es erträgt all diese Masken
Jenseits von Gut und Böse
Mit denen du dich verstehst.

Es malt nur blasse Pinselstriche:
Uns bemalt ja schon das Leben.

Vielleicht erträgt die Suche nach
Schlüssel, Heimat und Gründen.
Es kennt das Wissen der Irrtümer
Die Chimären in den Netzen.
Es erfindet die Signaturen.

Es kennt den Tiger, der in uns rumort
Kämpft mit den Dämonen
In all unseren Welten.

Es meidet die Geste Stein
Dreht sich im Kreis.

Geburten

Schwarze Metalle glühen
Weißer Rauch zieht in Schwaden
Gleißende Lichter fliehen

Entfesselte Maschinen
Geschundene Kreatur
Wirres Pochen und Stöhnen

Konturen zittern, dröhnen
Angst und ringende Krämpfe
Blutrote Schmerzenskämpfe
Zitternde Herzen tönen

Ein Kind atmet und leuchtet
Die Mutter wärmt und betet

Ein Mann verbindet und schweigt
Sie atmen dankbar geneigt

Freiheit im Caféhaus

Aufmerksamkeit und Bewegungen
Hin und her, Rufe und Schweigen
Verabredungen

Kaffeeduft, Kuchen und Zeitung
Intime Offenheit zwischen
Maskerade und Entspannung

Heller Blick vom Nachbartisch
Eine milde Geste, lächelnd
Das Mögliche und Wirkliche

Poröse Seele

Stockende Sätze
Stumme Wände
Träume schweigen
Komplizen des Unbegreiflichen

Unbestimmte Zeiten
Nur noch Zeichen
Gesten zerfasern die Leere
Milchige Punkte
Inmitten schwarzer Flächen

Das Ohr hört
Rufe, Gesänge
Ein Sehnen nach Leben

Sehe weiße Blicke
Augen im Meer

Motive
Der Zumutungen
Der Taten

Aufgelöste Seele
Ein Täter

Danach

Nach deiner Abreise
Sortiere ich Handtücher
Auch grüne Gummibänder
Und Gefühle leise

Im Bad noch eine Socke
Beharrlich dein Blick
Ein Schimmer von Glück
Verloren eine Locke

Im Traum dein Gesicht
Was könnte uns verleiten
Wir sollten uns mal streiten
Ein Lächeln im Licht

Magie

So bleibt die Magie
Der Verbindung
Unsre Begegnung
Ein Gefühl wie noch nie

Fern aller Gebote
Rhythmen von Klängen
Frei von Abwägungen
Ein Bote

Eine Ewigkeit
Mitten im Gewirr der Welt
So gleich dem Sternenzelt
Seelengleich und weit

Lächelnd im Park

Ich schwieg zerfleddert
Nach einem Telefonat
Die Welt zerbröselt
Das Ich zerredet

Möchte mein Glück bewahren
Gold in unsichtbaren Fäden
Sterne binden mein Leben
Schwebende Spuren

Gehe über Brücken
Still mit einem Dennoch
Zählend in einen Park
Mit einem Lächeln

Eingeschlagenes Glas

Ein Fenster eingeschlagen
Unser Klavier verstimmt
Der Rahmen gebogen

Da sitze ich nun
Wohl nicht heldenhaft
Beinah schicksalshaft
Hab mit mir zu tun

Dazwischen in mir
Gefühle so weltlos
Verbunden mit dir

Schnee

Entlang von Tresen
Erklingt ein Schifferklavier
Steigend auf alten Holzstiegen
Zu Räumen voller Wissen

Wörter bilden Sätze
Schweben inmitten von Dunkelheit
Ein Wort öffnet die Haut
Aus Fingern tropft Blut
Mahnungen an das Gewissen

Sehnsucht nach Unendlichkeit
Sterne senden Licht
Kämpfend gegen das Nichts
Filigranes Sein

Der Klang deiner Stimme
Erhellende Endlichkeit
Draußen fällt schwerer Schnee
Im Hintergrund spielt ein Grammophon

Eine Glocke schallt

Eisige Hülle

Unter der Haut
Diesem dünnen Papier zur Welt
Vibrieren die Nerven
Geistern Bilder
Von Gesichtern und Vulkanen

Das Rumoren in der Tiefe
Wo Steine schmelzen in der Glut
Gleich der Lava
Wie Sterne
Unter dem Schnee

Bewacht von weißen Leoparden
Jenen mit schwarzen Punkten
Die so genau hören
Harrt das Wissen
Umhüllt von Eis

Treibt die Ahnung vor dem Tod
Das Leben zu seinem Tun
Uns in die Tiefe zum Sinn
– eine Bemerkung, die du teilst –
Zu den Narben und Verdeckungen
Zum Schweigen

Mit dem Tod unserer Liebe
Das Blut lag in deiner Hand
Begann diese ewige Aufregung
Öffneten sich alle Suchen
Verstockte jeder Sinn

Vom Eis der Notwendigkeit

An den Rändern der Identität
Lecken Flammen, pulsiert das Herz
Im Takt deiner Sehnsucht – dieser Schmerz –
Im Ringen mit einer Effektivität

Erscheint die Unendlichkeit
Alles wird möglich
Mächtig, gar herzlich
Im Horizont der Ungewissheit

Im Hintergrund Melodien
Bilder von Gemeinschaften
Meinungen und Wahrheiten
Verbunden über Medien

Gebunden an die Alltäglichkeit
Atmung und Handlung
Beginnt die Besinnung
Im Eis der Notwendigkeit

hüllenlos pulsierend

In einem schwarzen Licht, mit polierten Augen
Seh ich dein Gesicht, hör deinen Atem saugen
Deine Stirn wie Holz, dein Leib umhüllt von Decken
Unmerklich dein Puls, das Schweben deiner Locken

Nah umweben Tücher deinen Körper
Du schläfst und sprichst leise Bruder, Bruder
Könnt ich doch die Träume enthüllen
Dein Sehnen im Leben verstehen

Behutsam sich dein Nacken dehnt
Härchen flimmern, leicht angelehnt

Magisches

Große Tanne am Ortsausgang
Vielfarbige Weihnachtskugeln

Treffpunkt im Dezember
Gegen die Ödnis im Dorf

Bloßes Stehen
Manchmal ein Winken
Seltsame Scherze
Kippen und Biere
Einige Lachen

Weihnachten sagt uns nicht viel
Doch plötzlich erscheint ein Schweif
Wir erinnern Geschichten
Ein Kind im Stroh nah bei den Tieren
Karg inmitten der Fremdheit

Dieses magische Licht
Uns bleibt das Leben
Es beginnt

Fliegen

Erde
Pflanzlich, auch metallisch
Im Garten Schmetterlinge
Farbige Flügel

Menschen nah am Lehm
Umhüllt von Haut
Mit Sprache und Zahlen
Rechnern und Kathedralen
Suchend nach Gründen
Wahrheiten und Sinn
Erhellungen im Zwischen
Verwobene Empfindungen
Unendliches inmitten der Silben
Im Hier

Nachmittags steigen Adler und Falke
Fliegen weite Kreise
Sehen die Ferne
Stürzen auf Beute
In der Dämmerung
Kehren sie heim

In meinen Träumen
Wütet hinter dem Dorf die Welt
Jedoch urplötzlich bei Musik
Erinnere ich
Denke an dich
Beginne zu fliegen

Bestandsaufnahme

In diesen seltsam warmen Tagen
Liegen Notenteppiche auf den Straßen
Du suchst Ballettschuhe zum Tanzen
Dazu trag ich einige Taschen

Im Zimmer liegen Bücher, Tücher und Papier
Rechts die Geschenke beim Schifferklavier

Leis von irgendwo gleichmäßig ein Ticken
Metallisch – beinah federleicht wie das Leben
Mehr ist es nicht – keiner mag es wiegen

Große Geste mit Blick zum Hafen
Die Möbel sind nun verschoben
Das Licht mit all seinen Farben
Löst das Wissen in den Ecken

Ein Noch-Nicht blüht in Spanien
Du planst für uns Italien

Berühren (beim Espresso)

Inmitten der Rauchschwaden
Blinzeln gelb-rote Funken
In mir mein Empfinden lockt
Und die Musik pocht und rockt
Blauer Rhythmus in der Luft
Herzschlag zum Espressoduft
Fliegende Pferde im Bauch
Sinnlich roter Lippenhauch
Schwarze Muskeln dich wittern
Vibrierendes Erzittern

fensterblicke

im fenster sah ich deinen blick
voller sehnsucht zu den wolken
im garten blühten die farben

du wirktest gebannt wie im glück
zwischen deinen weißen wänden
wohl mit weiten zukunftsträumen

spürtest du meinen blick

im sommer dachte ich selbst
an farben im bunten herbst
ich dachte nicht an moder

es fallen die herbstblätter
die blicke sind vergangen
du bist wohl ohne fenster

Begleitung

Du treibst dich ums Haus bei kühlen Tagen
Und schläfst in kalten Nächten im Keller
Gehst zwischen den Zeiten durch die Felder
So spüre ich dich seit Kindertagen
Und ahne um dich, doch ich kenn dich nicht

Ich laufe im Sommer zu den Buchen
Laue Luft spielt am Hals und an Armen
Ich schaue schnell nach rechts und links zum Licht
Manchmal meine ich dann, ich sehe dich
Doch zugegeben, ich kenne dich nicht

Du begleitest mich auf meinen Wegen
Durch Wüsten, in Wäldern, an Stränden
Du hörst die Gespräche, kennst die Träume
Trägst du das Buch oder gar die Sense
Bist vielleicht mein Engel – ich weiß es nicht

bibliothek

die frage zum ding
weiter rechts die kritik
dahinter sprache und trieb
beim fenster pablo neruda

im innenhof beim tee sah ich dich
mit seidigen strümpfen und wimpern

später erfand ich gleichungen
schrieb ein neues integral
malte schmetterlinge
traf an der tür dich

Luftsprung

Beim Luftsprung ganz exzellent
Wurden in einem Moment
Die Bindungen aufgelöst
Alle Kräfte losgelöst

Ich vernahm freie Welten
Spürte Unendlichkeiten
Erdachte Möglichkeiten

Sah das Neue
Sah Gesichter
Spürte Wasser
Ohne Reue

Lachen

Ich schreibe Zeilen
Und mühe mich um Reime
Und schwerfällig um Verse
Dabei suche ich nur dich
Suche dein Ja, dein Lachen

Deine Hände berühren
In blonden Haaren
Rote Fäden platzieren
Dann einfach laufen
Über die Deiche
Und fast erschrocken
Im silbrigen Wellenlicht
Ewigkeitsspuren
Erblicken

Fischbrötchen essen
In Heureutern schlafen
Und einfach lachen

opfer-täter

gleich hinterm kirchenaltar
versteckt unterm taufbecken
auf deinem weiten mantel
voller gier verschlungen
und die gelben kerzen leuchten
und die gesichter glänzen
fern von all unsren sinnen
und wir küssen die lippen
wir nagen und wippen
und ich hör die lauten glocken

und nebenbei die lieder
von dem kinde und der not
doch wir hörn die schreie nicht
die welt der unerhörten
und wir selbst unverstanden
sind opfer und auch täter

Blauer Montag

Rote Rosen
Neuer Morgen
Liebliches Licht
Lautloser Gang
Dein Lächeln im Gesicht
Dieser herrliche Klang

Mein Herz im eigenen Tanz
Schritt für Schritt im hellen Glanz
Mein Blut in bunten Flammen
Jedoch die andre Stimme
Ein fremder, rauer Klang
Doch dir so nah, vertraut
Nun flieh ich verschreckt

Fürchte diese Spiele
Grau erscheint der Tag
Neblig die Seele
Seltsam verwirrt
Alles verweht

Tür zum Ich

Schließt die Tür zu den Büchern und Zetteln
Unter ihnen liegt verborgen mein Ich
Das alte, das mutig in die Welt ging
Es kannte die Schilder und die Pfade

Nun jedoch bin ich verstrickt ins Leben
Versuch zu retten, was zu retten ist
Ich schreibe beim Tee mir neue Zettel
Bunte Zeichen für eine andre Welt

Kelch

Salzige Tropfen
Auf deiner Haut
Ich trinke
Nektar
Aus einem Kelch

Rote Erde

Unter Bäumen
Glut und Feuer leben
Inmitten grüner Wiesen

Mit festen Lederschuhen
Schritt auf Schritt in Kreisen
Und wie ein blauer Schmetterling
Ein Tanz auf Zehenspitzen

Blicke finden sich
Lippen schmunzeln innig
Leben streift sich am Tresen
Wir gleiten zu unsren Gründen
Zu Bildern und Klängen

Blitze leuchten auf
Zwischen Meer und Stränden
Ein Leuchten in nassen Wiesen
Seltsam mächtig und empfindlich
Verwoben hier im Vergänglichen
Strahlen des Ewigen

Wir schlendern am Ufer
Warten auf Gerechtigkeit
Bei Glut und Asche
Mit stolzer Geste
Suchen wir Nähe

früher sommer

unerwartete
telefonate
nach jahren
nun ein treffen
in einem café

beinah scheu
folgen wir blicken
wörtern und sätzen
lächeln auch
seltsam nah

waren damals
unsre sinne
gefühlslos
verspielte
bewegungen
ohne bindungen
war unser wir
geschmeidig

Seelenflittern

letzter tag
seelenglück

sonnenrand
möwenschrei
meeresstrand

laue winde
fernwehblicke
leichte brise

wie wellen
wortlos gleich

jederzeit
nah zugleich
hohe zeit

der letzte tisch
kaffee und wein
zur sternensicht

zeitlos nah
flittersein

späte zeit
mondseewind
seligkeit

spontanes glück
leichte scherze
frei im lachen

Herbsttasche

Die Schlüsselsuche
In deiner Tasche
Barg Schokolade
Auch Lippenfarbe
Seidige Strümpfe
Fernsprechgeräte

Entdecke Quittungen
Münzen und Rechnungen

Der Schlüssel fand sich
Leicht versöhnlich
Beim Ahornblatt

Konzerte

Zum Konzert mit der Trompete
Traf ich dich in unsrer Kirche
Wohl zufällig und ich dachte
An unsre Freiheits-Lektüre

Beiläufig deine Sätze
Ich glaube an die Sonne
Und täglich an das Neue
Und bewegt – keiner lachte –
An meine große Liebe

Und deine kluge Frau fragte
Nach unsrer alten Lektüre

eingestürzt

du trägst lederstiefel
trinkst und rauchst zigarre
wohntest unterm giebel
fuhrst mal einen diesel
lebtest ehejahre
fast mit totenstarre

ich such deine nähe
dein wort weht zur seele
ich bin bei dir nervös
doch du bist seriös

wir haben uns geweckt
nie umarmt, nie geküsst
du der kluge engel
ich kenn meine mängel
wir beachten das licht
doch gehören uns nicht

lösung

als wir uns trafen
gingen wir zügig zur Stadt
schoben die Räder

wir sprachen geübt
über Gott, Kunst und Leben
nicht von Eifersucht
oder versteckter Sehnsucht
jedoch vom Wetter

es fielen Tropfen
unerwarteter weise
löste uns Regen

Freisein

Katzen in Höfen jagen
Hunde zum Mondlicht jaulen
Freie Ränder sie kraulen
Platzwarte sie verjagen

Aalglatte Offiziere
Klimpern brav die Klaviere
In Hotelbars zum Biere

Es grölen Hafenkinder
Im Glanz der roten Lichter
Es wehen Meereslieder
Zur Liebe ferner Dichter

Wir suchen unsre Wege
Ringen um unsre Nähe
Und meiden die Anträge

Ich fange dir den Mondschein
Mit beiden Händen spontan
Wir verpassen unsre Bahn
Wir lachen und wir weinen

Körpermesser

Auf einer Anrichte
Zerbrochenes Glas
Daneben ein Bratenmesser

Wir sehen und schweigen
Dein Körper fällt mir ein

Ich entferne mich

Nein in der Nähe

Ein Begehren durchweht meine Sinne
Doch dein Nein versperrt ein Tun der Gefühle
Ein Schweigen bildet sich hinter Wänden
Jedoch Lack und Kalk werden fein vergehen

Durch erste Risse schimmern die Sterne

Adern wuchern und bilden Fäden
An den Tagen verglüht Staub auf Straßen
Unerwartet fällt warmer Regen
Türen öffnen sich, knarren und quietschen

90-Sekunden-Welten

Vor dem roten Licht
Hab ich dich berührt
Hände ergriffen
Augen verbunden
Dich schnell geküsst
Beim gelben Licht verführt
Deine Haut verwoben
Die Seele durchdrungen
Bei Grün gegangen
Uns sogleich vermählt
Auf der andren Seite
Lösten sich die Hände
Zurück in unsrer Welt
Bleibt die Erinnerung
Scham, Verwunderung
Nun steh ich erneut
Vor dem roten Licht

Wir

Mehr als ich und du
Filigranes Gefüge
Getragen von Gefühlen
Gesten und Symbolen
Privaten Bedeutungen
Beladen mit Geschichten
Der Generationen
Unaufgeklärtes
Zwischen den Zeiten
Unverstandenes
Zwischen den Zeilen
Verständigungen
Geleitet von Aufträgen
Intentionen und Mythen
Gefügt durch Sprachen
Zwischen Nähe und Zartheit
Routine und Verrücktheit
Selbst-Bestimmungen
Auf den Grenzen des Lebens
Geflechte von Sinn
Purzelbäume im Dasein
Sprachlose Empfindungen
Zwischen Trauen und Fremdheit
Ungeduldige Beharrlichkeit
Ringend mit Stolz und Sehnsucht
Schwebende Zartheit
Zerbrechliches Glück
Zurückgeworfen
Jeder auf das Eigene
Ich und wir und du

Schwimmen mit Biestern

Goldener Staub liegt auf Wegen
Bedeckt Blätter, Zitronen, Feigen
Hinter Wolken wächst rot die Sonne
Hitze überflutet Steine

Seitlich Äpfel und Tomaten
Ich find' erschöpft einen Garten
Sitz' fern der Berge beim Kaffee
Blicke entlang einer Allee

Ich seh' den Himmel und auch dich
Und deine Blicke erreichen mich
Könnt' ich die Zukunft erspüren
Wohin sollen die Schritte führen

Gleich hinter der Bodenkante
Ein Blick zum Meer und zur Runde
Melden sich Biester und Masken
Beginnt mein Schwimmen im Becken

manchmal du

wenn es kalt wird
nachts und so
schlafen wir mit decken
beieinander nah

manchmal weinen wir
halten uns
leben unerklärlich
mögen uns

manchmal schläfst du
im zug nach paris
im grünen schlafanzug

wir besuchen klöster, kirchen
lieben uns manchmal
hinter altären

kochen kaffee, schweigen
gleich pochen unsre herzen

im klang der grünen stille
beten wir

lauf ins leben und fliege

ich möchte laufen
durch die sonne
gegen die winde
durch den regen

möchte verlieren
alle geschichten
suche die tropfen
die die kleider durchwehen
die leben prägen
die ewig tragen
jedoch ich suche
auch dunkle farben
stäube, die mich erden
die schweren mächte
die ich verliere

flügel werden mich heben
ich werd' zum himmel fliegen

atmung

immer suche ich zeichen
helles wasser mit fischen
trage steine und farben
ein rauschen in den taschen

morgens beim grünen weiher
fällt licht durch bunte blätter
goldene fische warten
erscheinen meine masken

spricht meines bruders gesicht
in strahlendem sommerlicht

leben erscheint so vage
verwoben jede lage
die kristalle wandeln sich
dein lächeln befreit auch mich

die gedanken werden weich
und unsere haut so leicht
bei dir kämpfe ich ja nicht
werde heil zur letzten sicht

Klare Kante

An einem Sonntag beim Regen
Sortiere ich mein Dienen und Meinen
Trenne Plausibles vom Wahren
Das Laute vom Bewusstsein

Urplötzlich dieses Sehnen
Dieser Stolz auf mein Leben

Argumente renoviert
Alte Akten geschlossen
Die Legenden demontiert
Ansichtskarten geschrieben

Mir bleibt ein weißer Mantel
Dazu schwarze lange Stiefel

Harte Kante gezogen
Unbekannt verzogen

Förderlich

Dein Wort hab ich gehört
Deine Augen gesehn

Dein Ton hat mich befreit
Der Kommentar bewegt
Ich konnte mir verzeihn

Du wirst nun befördert
Zum Engel sicherlich

Offene Kunst

Ich zeichne randlos
Meine Eifersucht

Meine Unwissenheit
Umklammert sie

Randloses Wissen
Im Glaubensgeflecht

Verflochten mit all
Meinen Sehnsüchten

Begrenzung

Täglich beim Imbiss zur rechten Hand
Erscheinen uns Menschen wie ein Segen.
Wir erzählen geschmeidig vom Leben,
Von Geschichten, wohl auch vom Land.

Nah binden uns stille Phantasien
Dieser leichte Nieselregen.

Lächeln übergeht die Kräfte der Gier,
Auch die Gründe und stumme Leerheit,
Diese Süchte und wehende Fremdheit
Glättet feine Risse im Hier.

Wir sehen und fühlen uns verpflichtet:
Eine Hautfärbung begrenzt, befristet.

Wachsen

in den Stunden der Schatten
sprech' ich stumm bei den Steinen
mit den Wachholderbüschen
ich verstehe die Beeren
und seltsam, ich sehe uns
verborgen im Dunst

all die Bilder drehen sich
um die Welt und auch um uns
nur die Namen bleiben uns
dem Garten seine Steine
dem Wort die Geste

wer spendet uns die Bilder
verfugt sie mit den Schatten
sieht in Rissen die Lichter
versteht jeden Grund

Tropfen trommeln auf Scheiben
taumeln, gleiten, verlaufen
meine Haut, sie schläft

ich werde
noch

WIR

Wir verhandeln am Tresen
Umtanzen und betasten
Ordnung und Bedeutungen

Fern aller Präferenzen
Spüren wir Abstand und Gier
Sinnlichkeit unter Masken

Mit uns spielen und locken
All die Metamorphosen
Von Haut und Geist im Zwischen

Lodernde Flammen treiben
Erinnerung uns erhält
Kristalle sich bewegen

hauch im morgenrot

im morgenrot
hauchst du ihr leis
ins ohr deine
bewunderung

sie zappelt
wird beinah' verrückt
angesichts ihrer
dichten lust

deine leidenschaft
küsst den augenblick
wie der wind diese kirsche
wie dein auge ihren mund

Einmaliges Leben

Unerwartet kam dein Brief
Erwähnte Lapidares
Umkreiste Verstörendes
Unsre Freundschaft, die verlief

Im Moment der Besinnung
Wollte ich mich erklären
Gestehen und begründen
Wir tauchten ein ins Leben
Erinnerten Gespräche
Spürten alte Gefühle
Durchstöberten die Seelen
Ahnten um unsre Bindung

Als wir uns endlich trafen
Wollten wir uns umarmen
Wir harrten und zögerten
Alle Gefühle schwangen

Ferngespräche uns blieben
In den Nächten ein Schweigen
Träume erwähnten Sehnsucht
Wachsen und auch Schwangerschaft
Ein Schicksal unser Leben

Unser Dasein war sortiert
Alle Legenden montiert
Beim Bedenken von Wegen
Im Geflecht von Fantasien
Zerschnitt ich rote Rosen

roter schnee

- einblick -

ein moment
eine berührung
nur ein blick

meine haut
erzittert wie laub
strebt zu dir

mein ich flieht
unter deine haut
fühlt und schweigt

mein selbst schmilzt
atmet verwoben
helles licht

wie eine feder
fällt eine flocke
umhüllt uns zugleich

roter schnee

blicke die bleiben
im moment ein glück
zerbrechliches schweigt

Liebeswolke

Ich vergaß bei dir am Nachmittag
Wie in Trance in einer Wolke
Schlüssel, Mütze, Börse, Schal.

Siebenmal kam ich zurück.
Ich kann es nicht versteh'n.
Fiebrig war meine Seele.

Meine Haut, porös, gereizt,
Spürte den Sinn der Stunden:
Kluge, Schöne, du verreist.

Nachts eilten wir im Regen
Durch Blitze zu den Zügen:
Unhaltbar war uns das Sein.

Klar verpackt fand ich später
Zärtliche Gier und Sehnsucht
Zittrig im alten Seelenraum.

Ich ging dann durch alte Gassen,
Fand deine Anschrift und schrieb
Dir im Traum von meiner Näh'.

Schlüsselsuche

Bei meiner Schlüsselsuche
In den verzweigten Fluren
Mit Fragen zu den Gründen
Von Verlust und Wissen
Erwähnst du die große Flucht
Die neue Heimat der Kinder.

Dabei umspielt ein zartes Gefühl
Nase, Mund und tröstet dich.

Ich sehe uns verändert.

Wörter schneiden.
Klänge weben Fäden:
Sie umspinnen Leben.
Gesten binden uns.

Geschichten leben ihr Glück.
(Der Schlüssel lag beim Sofa.)

anfang vom ende

mit dem letzten brief
du erzähltest mir
von deiner liebe
wie wichtig ich wäre

begann wohl deine reise
die dich von mir entfernte
(später meinte ich
dies so zu sehen)

es lebt in einer ecke
noch immer meine nähe

Alltagstier

Menschen erwärmen die Erde.
All die Kriege aus reiner Gier.
Der Mensch: ein Raubtier.
Unsere Sonne: ein Stern.
Wow!

Dennoch:
Tragt den Mülleimer vor die Tür,
Schaltet am Tag das Licht aus,
Macht die Hausaufgaben,
Zahlt eure Rechnungen,
Kauft ein, wascht ab,
Sagt „guten Tag",
Fegt den Hof.
Danke!

Okay,
Das Licht im Flur soll brennen.

Bindungen

Getrennt von einem Laken
Sehen wir alte Bilder
Fotos unserer Welten
Zwischen all der Nähe
Suche ich nach Linien
Nach dem Fremden
Nach Brüchen

Doch ich seh nur Schönheit
Seh dein Gesicht
Seh Äste, die binden
Kleider, die trennen

Sehe Sterne blinzeln

Wintermantel

Hänge dein Selbst an den Haken.
Es kann dort ruhen.

Setze dich in die Küche.
Oder lege dich auf die Couch.
Ich bringe dir Tee.

Ich werde hören.

Berichte von dem Traum.
Plane dein neues Leben.
Erfinde dir eine weitere Welt.

Besorge dir in der Stadt
Einen Wintermantel.

Die Zeit wird lang und kalt.

Langeweile

Das Licht verliert seine Farben
Und gleitet unmerklich zur Nacht.

Eine junge Frau sitzt leicht verhüllt
Im Stuhl und fixiert ein Glas.

Am Rande liegen Strümpfe.
Auch Wäsche und ein Tablet.

Sie hat weiche Lippen und
Schmale, lange Beine.

Im kinderfernen Ambiente
Ist sie schläfrig und allein.

Durch Scheiben sieht sie die Welt,
Bedenkt Gespräche und das Geld.

Am Morgen verlässt er den Raum.
Ihren Rang kennt er genau.

Im Bad liegen blaue Wimpern
Und eine Maske dieser Zeit.

Kinderlieder fern erklingen.
Sie träumt von Kleidern und von Puppen.

Kinderblicke

Fensterscheiben mit Atemhauch
Eis-Schnee umhüllt das Winter-Ich
Zeit, geworfen, entbindet dich
Heißer Kakao im Kinderbauch

Weg voll Sand und Kies windet sich
Buchenbaum, bald hundert Kreise
Bachlauf ernährt Frucht und Meise
Sinnlich schwebend, frei figürlich

Rummelplätze mit Stimmungen
Geige klagt im Gauklerwagen
Akkordeon bindet weise
Clown winkt dir zur langen Reise

Nieselregen fällt in Sporen
Tropfen einsam hier entschweben
Licht verweilt intim in Bögen
Sterne atmen wie aus Poren

Spatzen schimpfen, die Katze döst
Erste bunte Blätter schweben
Äcker ruhen und verfallen
Ein Pharisäer uns erlöst

Rückfrage

Ist das Universum blau?
Fragende Blicke.
Hab' ich im All eine Bedeutung?
Vielleicht.
Aufgebrauchte Aufregung.
Schweigen kehrt ein.
Hat das Weltall einen Sinn?

Erschöpfter Tag

Den erschöpften Tag
Ausgestreckt auf dem Sofa
Tröstet die Nacht
Bedeckt ihn mit Wörtern
Silbrigen Adjektiven

Erbe

Schatullen in Koffern
Briefmarken, eine Lupe
Ein Teppich mit Webfehlern

Ein Mikroskop
Ein Bekenntnis

Eine fremde Adresse
Schlüssel, Telefonnummern
Landkarten, ein Atlas

Ein Teleskop
Ein Geständnis

eiskalt

wir sprachen von dies und das
im Museum des Lebens
du erzähltest nebenbei
von seiner Beerdigung

eiskalt durchzog mich der Schmerz
ich blickte über Grenzen
so unfassbar die Welten

nun hat es sich geteilt
in damals und niemals

Abschied

Zügig war dein Tun
Flüchtig die Sätze
Dein spitzes Gehen
Das schmale Lächeln
Wohl dein letzter Gruß

Gelb mein Herz in Glut
Pulse stumm wehen
Für sich die Augen

Mir bleibt nur die Zeit

Abschiedsstunden

Dir bleibt der letzte fragende Blick
Der die Lebensverzweigungen sieht
Nach Halt und Sinn beinah kindlich sucht
Dieser letzte feste Händedruck
Wie ein Geständnis und Bekenntnis
Zu sich, zu dir, zum Glück im Leben
Das Auge sieht die Lebensfugen

Noch suche ich ein ruhiges Land
– und für immer einen festen Stein –
Grün, mit Bäumen, nah zum Meer mit Sand

Doch die Steine glühen und schmelzen
Die grünen Blätter tragen Asche
Das Meer löst täglich seine Grenzen

Die Bilder sind immer nur meine

Riss

Dein Brief mit deinem Abschied
Wirft mein Herz in die Welt
Körperlos brennt es
Glüht im Schmerz
Fassungslos
Untröstlich

Kopfschmerzen

Inmitten unsrer Nähe
Zerbrechen Sätze
Die Idylle

Kopfschmerzen
Quittieren den Riss
Durch Illusionen

Geboren

Geboren sicherlich
Etwas vom Wolf
Einsam und geschmeidig
Wie ein Vogel
Frech und nachts empfindlich

Beinah wie ein Raubtier
Mit dem Wollen und der Gier
Lebendig frei wie ein Fisch
Gefügt jedoch als Mensch

Angekratzt der Rahmen
Geöffnet für das Sternenlicht
Poröse Schatten und Farben
Zu einer fremden Sicht

Klettere leis
Suche Halt an Fäden
Sieh den Riss
Sehnsüchtig nach Leben
Atme gewiss

Inhalt

C: Ich, du, Seele, Nähe, Freiheit, Liebe …

136

Carsten Rathgeber

geboren in Flensburg. Schulzeit in Hessen, Nordrhein-West-
falen, Niedersachsen. Studium der Pädagogik, Philosophie
und Elektrotechnik. Staatsexamen Sonderschulpädagogik und
Dipl.-Ing. (Univ.) der Elektrotechnik. Tätig an einer berufsbil-
denden Schule und Lehrbeauftragter für Informationstechnik
im wissenschaftlichen Kontext. Autor von mathematischen
und informationstechnischen Büchern und Fachaufsätzen.
Weiterhin seit 2011 Veröffentlichung von Gedichten und Er-
zählungen.

Kontakt: carsten.rathgeber@gmx.de
Webseite: https://carstenrathgeber.wordpress.com/lyrik/

Publikationen

Carsten Rathgeber et al.: IT-Handbuch, 720 Seiten, Westermann Verlag, 2022 (12. Auflage), 39,95 €

Carsten Rathgeber u.v.a.: Berge und Sichten. Gedichte, 432 Seiten, Edition Dorante, 2024, 18,40 €

Carsten Rathgeber u.v.a.: Ukraine: blau und gelb. Gedichte, 420 Seiten, Edition Dorante, 2023, 17,90 €

Carsten Rathgeber u.v.a.: Fest verbunden für immer. Erzählungen und Gedichte über Freundschaften und Begegnungen, 456 Seiten, Edition Dorante, 2023, 18,70 €

Carsten Rathgeber u.v.a.: Pinselstrich, Klavier und Kunst, 404 Seiten, Edition Dorante, 2020, 17,90 €

Essays in: Sonntag, H., Tews, H., Lasch, W. et al., Geschichte, Kultur und Philosophie, Edition Dorante, 472 Seiten, 2020

Gedichte in: Grasnick, U., Kunert, G., Ferst, M. u.v.a.: Bis dein Blick Meer wird. Anthologie des Köpernicker Lyrikseminars und der Lesebühne der Kulturen Adlershof, 412 Seiten, Edition Zeitsprung, 2019, 14,90 €

Carsten Rathgeber u.v.a.: Im Dünenblick, 304 Seiten, Edition Dorante, 2019, 15,80 €

Carsten Rathgeber u.v.a.: Auf der Halbinsel, 420 Seiten, Edition Dorante, 2016, 17,80 €

Carsten Rathgeber: Zwischen(t)räume & Grenzwelten. Gedichte, 68 Seiten, Lorbeer Verlag, 2014, 6,99 €

Jahre im September

Gedichte und Erzählungen

Marko Ferst

212 Seiten, Edition Zeitsprung, 2017

Über Ostseeinseln wie Öland und Usedom streifen die Gedichte. Sie führen in die schwedische Schärenstadt sowie nach Buchara, Samarkand oder in den Ural. Magische Ausflüge in die Natur und Tierwelt tauchen auf. Gedichte zu Musik, Literatur und Malerei reichern diesen Lyrikband an. Unter die Lupe genommen wird der Drang der Regierenden, uns mehr und mehr auszuspionieren. Kritik zieht das gescheiterte Afghanistan-Abenteuer auf sich, das syrische Totenfeld wird umrissen. In Bangladesch zeichnen sich weitere Landnahmen des Meeres ab, Wasserstände, die mit unserem verschwenderischen Lebensstil im Norden verbunden sind. Sondiert wird, warum unsere Zivilisation ökologisch zu scheitern droht, sich längst im Spätstadium befindet. In der Arktis zeigt sich, wie weit das Vorspiel zum Klimaumsturz schon gediehen ist. Spitzbergen archiviert unsere letzten genetischen Hoffnungen. Den Spuren und Abgründen einer mysteriösen Krankheit wird nachgegangen. Der Band enthält zwei Erzählungen - eine arktische Begegnung zwischen weißen Raubtieren und einen Blick in das sowjetische Speziallager Sachsenhausen.

Leseproben: www.umweltdebatte.de Bestellung: marko@ferst.de

Brücken ins Land

Erzählungen

Sabine Naumann, Marko Ferst, Elisabeth Gehring, Fritz Leverenz, Peter Lechler u.v.a.

376 Seiten, Edition Zeitsprung, 2021

Von einer Hochzeit in den Jurten der mongolischen Steppe, grandiosen Landschaften wird erzählt. Ein Ausflug auf dem Dromedar in Sahara-dünen endet in den Fängen von Ganoven. Der Band enthält zahlreiche spannende Liebeserzählungen. Vom Schicksal eines Lehrers berichtet ein Beitrag, seine Frau kehrt von einem Kongress im Ausland nicht zu-rück in die DDR. Der Krieg in Syrien unterbricht das musikalische Üben eines Jungen, in Deutschland bekommt er eine neue Geige. Wie ein Kind in Brokdorf hineinwächst in die Anti-AKW-Bewegung, zeigt eine Auto-rin, bis hin wie die Polizei illegal Menschen einkesselt in späterer Zeit. Ein Gericht in Chile soll einen Brand klären, ein Lager mit Biberfallen fackelte ab. Ein Fliegermord soll aufgeklärt werden. Eine junge Frau, zur russischen Kommandantur beordert, gelangt unschuldig in ein Spezial-lager bei Berlin. Beim Schlachtefest kommt die Sache mit dem Schwein zur Sprache, das nach fruchtiger Kost ausnüchtern mußte.

Leseproben: www.literaturpodioum.de

Zwischenträume: & Grenzwelten

Carsten Rathgeber,

68 Seiten, Lorbeer-Verlag, 2014

Klänge und Farben spielen
Und weben Muster
Vom Dasein und den Dingen,
Von dir, mir und uns.

Selbstreflexion und Identitätssuche sind Carsten Rathgebers poetisches Elixier. Seine atmosphärischen Bildwelten bieten Grenzerfahrungen & öffnen Sprachräume zwischen Traum und Wirklichkeit. Neben grölendem Schutzengel und blubbernden Ichblasen prahlt der verklärte Tod nur Parolen.

IT-Handbuch. Technik: Schülerband

Fachinformatiker/-in, IT-Systemelektroniker/-in

**Klaus Richter, Dirk Scharf, Carsten Rathgeber,
Heinrich Hübscher, Hans-Joachim Petersen**

752 Seiten, 12. Auflage, Westermann Schulbuchverlag, 2022

Ausbildungsbegleitend für die Ausbildungsberufe Fachinformatiker/-in (in allen vier Ausprägungen nach Neuordnung) und IT-Systemelektroniker/-in einsetzbar.

Das Handbuch steht Ihnen in der Neuauflage mit deutlich erhöhtem Umfang zur Verfügung, einschließlich neuer Inhalte zu allen Lernfeldern des neuen Rahmenlehrplans. inkl. ausführlichem deutsch-englischen Sachwortverzeichnis mit robustem Integral-Einband, der das Handbuch vor Beschädigungen schützt.

www.westermann.de

IT-Handbuch. IT-Systemkaufmann/-frau Informatikkaufmann/-frau

Klaus Richter, Dirk Scharf, Carsten Rathgeber, Heinrich Hübscher, Hans-Joachim Petersen

812 Seiten, 12. Auflage, Westermann Schulbuchverlag, 2022

Ausbildungsbegleitend für die Ausbildungsberufe Kaufmann/-frau für IT-Systemmanagement, Kaufmann/-frau für Digitalisierungsmanagement, IT-Systemkaufmann/-frau und Informatikkaufmann/-frau einsetzbar.

Das Handbuch steht Ihnen in der Neuauflage mit deutlich erhöhtem Umfang zur Verfügung, einschließlich neuer Inhalte zu allen Lernfeldern des neuen Rahmenlehrplans. inkl. ausführlichem deutsch-englischen Sachwortverzeichnismit robustem Integral-Einband, der das Handbuch vor Beschädigungen schützt.

www.westermann.de